新時代の保育 1

保育における ドキュメンテーションの活用

請川滋大／高橋健介／相馬靖明［編著］
利根川彰博／中村章啓／小林明代［著］

■ 目次

ななみブックレット No. 4

はじめに

2015年4月から子ども・子育て支援新制度が始まりました。保育「新時代」の幕開けと言っても過言ではないでしょう。新制度により今後は「幼保連携型認定こども園」が増え、乳幼児が園で過ごす時間が長くなることと考えられます。さてそのような時代に、私たち保育・教育の関係者は何を考えなければいけないでしょうか。園で子どもを預かる時間が長くなるということは、子どもたちの生活の大部分は園で送るということになります。そう考えると、園で生活する時間をいかに充実したものにしていくかが重要になってきます。認定こども園はもちろんのこと、幼稚園・保育所でも、「保育の質」を高めることが喫緊の課題となってくるのです。

では、どのようにして「保育の質」を高めていけばよいでしょうか。各園はそれぞれの想いを持って保育・教育に当たっています。しかしそれらは美辞麗句で飾られながらも、実際には旧態依然とした保育であったり、教育の方向性を見誤ったものであることも少なくありません。そのような保育・教育を打破し新時代の保育を模索していくためには、保育そのものを「開いていく」必要性があるのではないでしょうか。自らの園内だけに保育を留めるのではなく、保育・教育をよりオープンにし、多くの人たちの目に触れるようにすることで、保育をより良いものにしていく可能性は広がっていくことでしょう。

しかし、普段からたくさんの人の目に触れさせることは、子どもたちの生活の場としての保育施設には馴染みません。写真を効果的に用いたドキュメンテーションは、このような課題に立ち向かう契機となります。イタリアのレッジョ・エミリアのドキュメンテーションは、子どもたちの育ちを振り返ったり、また今後の実践に生かすために作成されています。しかしそれだけではなく、そのドキュメンテーションを介して保育者と子ども、そして保護者や地域の人々、保育研究者やさらには異なる分野の専門家たちをつなぐコミュニケーションのツールにもなっているのです。ドキュメンテーションの本来の意味である「記録」は、日本でも以前より大切にされてきました。しかしそれらは文字を中心としたものとして発展してきており、公的な文書としての意味合いを持たせた、下手をすると「味気ない」ものになってしまうきらいがあります。このブックレットでは、保育についての対話を深めるためのツールとして写真を効果的に用いたドキュメンテーションを取り上げ、その作成のコツや活用の仕方について三人の方に紹介して頂きます。

利根川彰博氏は、自らの実践をより充実させるためのツールにドキュメンテーションを活用しています。写真を効果的に利用し、そこから子どもたちが遊びをより豊かに展開していく様子は大変興味深いものです。保育園の事務長としてドキュメンテーションを作成している中村章啓氏は、写真を撮影し子どもたちのエピソードを記述することで、それらをクラス担当の保育者や子どもたち、そして保護者にも見てもらいたいと考えています。高橋健介氏は保育研究者として認定こども園（園長小林明代氏）に入りドキュメンテーションを作成し、それらを保育カンファレンスで用いています。ドキュメンテーションを保育について語るツールとして活用しているのです。最後にこれらのドキュメンテーションの活用における今後の展望と課題について、かつて幼稚園教諭として勤め、現在は保育研究者として活躍中の相馬靖明氏にまとめて頂きました。

1 ドキュメンテーションの意義

保育における記録（ドキュメンテーション）は、日本の場合、園に残すための書類として、また担任保育者が自らの保育を振り返ったり次の日の保育に活かすための資料として、これまでは主に用いられてきました。この記録は園内の研修会などにも活用されますが、それらは文字や図が中心の記録であり、保育関係者のみに活用されるいわばジャーゴンのようなものです。こういった記録に写真を効果的に活用することで、それらは子どもたちや保護者、そして地域の人たちにも開くことのできる素材として活用することが可能となってきます。

イタリア北部のレッジョ・エミリア市の保育記録、ドキュメンテーションは、積極的に写真を用いることで、保育者だけが活用するのではなく、子どもや保護者、そして地域の人々にも保育を広く開き、豊かな保育実践を創りあげていくための大事なツールとなっています。

❶ レッジョ・エミリア・アプローチとドキュメンテーション

レッジョ・エミリアで実践されているプロジェクト型保育は、レッジョ・エミリア・アプローチといわれ、近年、世界的にもたいへん注目されています。この保育実践は、子どもの主体性、創造性を重視したもので、その実践の基盤となっているのがドキュメンテーションなのです。

レッジョ・エミリア・アプローチにおけるドキュメンテーションは、プロジェクト活動の結果や完成された作品のみを記録して表すだけでなく、むしろ子どもの活動や表現に至るプロセスを可視化するための記録です。子ども個々の言葉や行動、そして製作物を写真、録音、メモ、ビデオなどによって記録し、このような基となる複数の記録の中から保育者自身が選択し、構成されたものがドキュメンテーションなのです。

子どもたちがプロジェクト活動を発展させ、学びを深めていくには保育者の援助、指導は必要不可欠です。その一方でプロジェクト活動は、常に子ども自身の興味・関心やその志向性に基づいた活動として展開されることが重視されています。ドキュメンテーションは、まずは保育者が子どもそれぞれの興味・関心ごとを知り、確認することに活用されています。子ども自身の何気ないつぶやきやモノにかかわる表情などが、仲間との大きな活動への契機となる大事なヒントになっているのです。さらに、ドキュメンテーションは、プロジェクト活動が展開されていく、その過程での子どもの思考や学びの道すじを理解することにも用いられています。

日々のドキュメンテーション作成を通して、子どもの学びと保育者の援助との関係を振り返り、その上で今後の援助の在り方を考えることで、プロジェクト活動が子ども主体の活動でありながらも、豊かな経験や学びを含み込んだ中身の濃い活動になっていくことが期待されます。

❷ 保育記録への写真の活用

次に、写真を活用した記録の例を紹介しながら、それらにどのような効果があるのかについて説明をしていきます。

① ドキュメンテーション（documentation）

ドキュメンテーションとは一般的には「文書」のことです。保育の世界では「記録」のことを意味し、レッジョ・エミリアで積極的に活用されているような写真を効果的に用いた記録と捉えられます。今はデジタルカメラも入手しやすくなったので、保育者またはクラスに一台のカメラがあることも珍しくありません。デジタルカメラという便利なツールが、園内に閉じた存在だった記録を外へ開くきっかけを提供しました。写真は視覚的に大変効果的で、見る側はそこからある意味を読み取ることができます。単なる記念写真とは異なり、表情がはっきりと分かるものでなくとも、子どもがモノやヒトと熱心にかかわっている状況を意味を持った状態で映し出すことができます。撮影された写真はパソコンへ取り込むことが容易なので、それらの素材を活かしてドキュメンテーションを作成することが可能です。かつてのように、フィルムを現像に出して印画紙に写真を焼いてもらうという作業が減り、金銭的にもメリットが大きく、様々な意味でコストが低減されました。ドキュメンテーションは玄関や保育室の前など多くの人の目に触れやすい場所に掲示することで、それらを見た人の間にコミュニケーションが生まれます。このことがまた新たな活動（保育）を生み出すきっかけになるのです。つまり、ドキュメンテーションは単なる写真つきの記録ではなく、保育を充実させるための重要なツールになっているというわけです。

② ポートフォリオ（portfolio）

ドキュメンテーションと同様に、ポートフォリオという言葉もよく聞かれるようになりました。

こちらは「子どもの育ちの軌跡を追うためのもの」、といった説明が適するかもしれません。元来、ポートフォリオというのは、紙をはさむ「バインダー」のことです。バインダーに子どもたちの記録をはさんでいくように、子どもたちの記録が蓄積されたものをポートフォリオと呼ぶようになりました。

ドキュメンテーションは、クラスの中で起こる子ども同士の関係や、子どもと保育者、子どもとモノとの関係など、二つか（二項関係）それ以上のものとの間で起こるある関係性を示したものであることが多いです。一方、ポートフォリオは対象とした子どもがどのような経験をしたかを追った記録の集まりであり、写真を用いたドキュメントも含まれますが、中には子どもが描いた絵や作った作品などが盛り込まれることもあります。一年経った時、ポートフォリオは、その子がこの間にどのような経験を積み重ねてきたかが分かる記録となります。

③　ラーニング・ストーリー　(learning story)

ラーニング・ストーリーは、ニュージーランドの保育施設で始められた子どもたちの学びを理解するための一つの方法です。ニュージーランドでは「テ・ファリキ（Te Whāriki）」という全国統一のカリキュラムが１９９６年に作成され、それに基づいて保育が行われています。テ・ファリキでは子どもたちを、多様な存在であると考えているので、発達課題のような統一尺度で子どもたちを測るようなことはしません。子どもたちが経験していることを丹念に追うことで、そこにどのような学びが存在するのかを見取っていきます。またそれらをヒントに、保育者は新たな環境の必要性を考えるきっかけとします。「ストーリー」というだけあり、子どもの様子を「点」で捉えるのではなく「線」で捉えようとしているところが特徴です。また、テ・ファリキに見られる観点をもとに書かれたラーニング・ストーリーは、「線」としてのストーリーを蓄積していくことで「面」としての幼児理解へと広がりを見せていきます。

④　ドキュメンテーションを活用した保育実践の共有と振り返り

ここまで紹介してきた三つの記録は、いずれも写真を活用しているところが共通しています。すべてをドキュメンテーションと呼んでも間違いではないでしょう。さらにもう一つ共通する特徴としては、記録の単位として「エピソード」を用いている点があげられます。エピソードを単位とするということは、つまり、意味の分かるところまでを保育の分析単位とし、それ以上に細かく分割しないという点で非常に重要です。これは子どもの発達観とも密接にかかわってきます。かつての心理学が陥った人間の行動をできる限り細かく分割し分析するという方向ではなく、意味を持つ行為として人間の行動を捉えるといった社会文化的な心理学をベースにした考え方です。この考え方は乳幼児の理解にはとても有効に働きます。

ドキュメンテーションを作成しそれを掲示することで、子どもたちは自分の行動を振り返ることができます。また、自分がかかわっていなかった場所で他の子たちがどんなことをしていたのか知るきっかけにもなります。好きな遊びを中心とした保育の場合、それぞれの子が充実して遊んでいたとしても、他児が何をやっていたかは意外と知らない場合が多いのです。そんな時、保育者が集まりの場面で複数の子の遊びや作品を紹介したり、ドキュメンテーションを用いて多様な遊びを提示することも可能になるのです。

また保育者にとっても、他のクラスの様子を知るよいきっかけとなります。他のクラスの活動をクラスの子どもたちに知らせるツールとしても活用できるでしょうし、また保育後に、保育者同士がドキュメンテーションを見ながらディスカッションをすることも可能です。さらには、保護者や地域の人たちが園で生活する子どもたちの様子を知るきっかけにもなります。

目に見えやすい成果が出る保育をしている園であればそれほど説明はいらないでしょうが、遊びの場合、子どもたちが何を楽しんでいるか、どのような経緯があってこの作品を作ったのかということが見えにくいものです。ドキュメンテーションには、そういった経緯を「可視化」するという役割もあります。

❸ 子ども・子育て支援新制度における保育とドキュメンテーション

子ども・子育て支援新制度では、「保育の量を拡大」すると共に、「保育の質を改善」することが強く求められています。「保育の質を改善」することの一つの取り組みとして注目されているのが〝保育の可視化〟です。これまで主に保育者が活用していた保育記録をなんらかの方法で可視化し、保育者、子ども、保護者とが共有することで保育をより良いものにしていくことが考えられます。では、この時代に、なぜ〝保育の可視化〟が必要なのでしょうか。以下にそのことを整理したいと思います。

①　遊びや生活の中での育ち、学びを理解するための手立てとして

新制度が始まり、これからの保育施設の要となる「幼保連携型認定こども園」の『幼保連携型認定こども園教育・保育要領』（平成26年4月告示）を見ても、乳幼児期は、遊びや生活を通しての育ちや学びがこれまでの幼稚園教育要領や保育所保育指針と同様に重視されていることが分かります。また、先に保育の制度改革を行ってきた諸外国の保育・幼児教育においても、子どもの主体的な活動や遊びを重視する傾向があります。

一方で、遊びや生活の中での子どもの育ちや学びは、総合的なものであり、系統立てて滑らかにその姿が表れるものではありません。その中で、保育者はその時々に必要な経験を見極め、さらに中・長期的な見通しをもって子どもの育ちを促していくことが求められます。子どもの遊びや生活に対する評価は、明確な指標を持ちにくいため、時には保育者の思い込みになってしまうことが危惧されます。子どもの育ちを広い視野から捉え直すには、複数の他者の視点が必要なのです。そのためにも、まずは、保育者間で共通の題材となるような子どもの記録が必要です。その題材には、写真を用いたドキュメンテーションが有効に働くことが考えられます。なぜなら、写真を含み込んだドキュメンテーションは、ある場面が可視化されることで、具体的な子どもの姿を想起し、それぞれの読み取りや対話をより活発にするからです。

②　保護者が保育施設を選択するための観点として

新制度が施行され、保護者が保育施設を選択する機会は、今後増えていくことでしょう。現時

点では、都市部において待機児童も多く、特に認定こども園、保育所への入所は希望通りにいかないケースもあります。しかし、新制度の取り組みが進み、徐々に各地域の保育ニーズに応じた施設が確保されていく可能性はあります。このような時代に保育施設は、地域の人々に自らの保育が十分に理解され、その上で選択される施設になっていくことが望まれます。

一方で、保護者が保育施設を選択する際に、保育時間や送迎などの保育サービスに目が向けられることが多くあります。保育サービスばかりではなく、むしろ保育環境や保育内容などの「保育の質」から、子どもの育ちや学びのあり様が理解され、その上で選択されることが望まれるところです（保育サービスと「保育の質」は関連するところもあります）。

さらに、乳幼児期の学びや育ちを量的に測ることは難しく、これまでの保育では、特に遊びを通しての学びや育ちを伝えることが不十分でした。そのことによって本来の保育・教育の在り方が十分に理解されないケースも多かったことが考えられます。

これらの状況をふまえ、特に子どもの遊びや主体的な活動を重視する園では、保育のあり様や、そこでの子どもの育ちや学びの意味を保護者や地域の人々に伝える手段として、写真を用いたドキュメンテーションが有効に働くことが考えられます。また、ドキュメンテーションは、一方向的に伝える手段だけではなく、それを介して、様々な人々のコミュニケーションを促すツールにもなります。新時代の保育・教育を見据えた時に、ドキュメンテーションは欠かせないツールになっていく可能性が高いのです。

2 子どもを映し返すドキュメンテーション

❶ あんず幼稚園の保育実践とドキュメンテーション

筆者はクラス担任の立場で写真を活用したドキュメンテーションを作成しています。基本的に「実践の記録」であり、自己の保育実践の省察のためであり、クラスの子どもたち（つまり当事者）のため、という視点から作成しています。ですから、保護者の方とそれを共有しようという意図は、今のところ強くありません。筆者の職場である「あんず幼稚園」は創立から25年で、実践をどう記録していくのかという基本的スタイルがありつつ、よりよい方法を取り入れていこうという柔軟さもあるように思います。つまり、現場の保育者それぞれのチャレンジが奨励されています。そうした背景のもと、デジタルカメラによる記録も取り入れられてきました。

筆者は２０１２年度から、個人的に保育実践中にコンパクトデジタルカメラを携帯して記録していくようになりました。保育中に「これは」と思う場面でシャッターをきり、一日平均すると２００枚前後の画像が記録されます。このデータを保育後にパソコンを使い、「遊び」「生活」「実験」「発見」などのフォルダーに振り分けて整理していきます。そして、メモに残した記録とともに、重要なエピソード（画像があることで、よりはっきりと伝わるもの）は、パワー・ポイントを使ってドキュメンテーションを作成していきます。こうした作業は、日常の実践記録の一環として日々積み重ねているものです。作成過程で「このエピソードには、こんな意味がある」ということがつかめている場合と、「その意味がはっきりとは分らないけれど、きっと重要な意味がありそうだ」、あるいは「直感的におもしろいから」ということで記録していくものもあります。それらが後々、別のエピソードにつながることによって「こんな意味があったんだ」と気づく場合もあります。

❷ 色つきドロダンゴをつくろう

では、具体的な活用例を紹介します。

私たちの園では、子どもたちの遊びや活動を重視していますが、そうした場面からまとまった活動に展開することがあります。その展開をパワー・ポイントで写真と文章とで構成し、保育室の外に向けて貼り出したエピソードです。

ある年の5歳児年長組で、6月頃にドロダンゴづくりに夢中になっている子どもたちがいました。その一人がYくんです。クラスのみんなで集まった場面で、Yくんが自分の作ったドロダンゴをみんなに紹介した時のことです。他の子たちから、「でもさぁ、ドロダンゴって、茶色だからつまんない」という声が上がりました。筆者は、その発言の意味するところがすぐには分らなかったので、戸惑っていましたが、「そうだよ。ダンゴに色を付けたい」とか「緑色がいいな」、「私はピンクがいい」という声があがりま

した。ここに来て、筆者は「この展開はおもしろい」と思い、口を挟まずに聞いていました。すると、「おだんご屋さん、やるってどう?」「たこ焼き屋さんは?」「チョコレート屋さん」「ケーキ屋さん」などと、「ドロ」あるいは「ドロダンゴ」から想起した「お店屋さんごっこ」という遊びをイメージする発言が続きました。

一方で、「色をつける」という流れがあります。はじめのアイディアはこちらだったことから、「どうやって色をつける?」と問いかけてみました。すると、「絵の具で」という声。これまで使ったことのあるものの中から、「絵の具」が選択されたのでしょう。そして、具体的な方法が意識されていきます。「ダンゴが硬くなってから色を付ける」「最初に色を付ける」などの発言がありました。

「じゃあ、実際にやってみよう」と促すと、興味をもった子どもたちが取り組んでいきました。話し合いの場面はクラスのみんながいましたが、実際に取り組んでいったのは全員ではありません。

はじめは、ドロダンゴができたところで、さっそく青や白、思い思いの色の絵の具を筆で塗っていきました。ところが、乾かしてみると、表面がザラザラしています。ドロダンゴらしくありません。ここで一度、停滞しました。

その後、ヒビの入ったドロダンゴを観察すると、何重かの「皮」

のようなもので包まれていることに気づきました。そして、「きっと、シロスナ（「さら粉」など呼び方はいろいろあるようですが、私たちの園ではこのように呼んでいます）をかけているときにできるんじゃない？」「じゃあ、シロスナが、イロスナだったら？」という仮説が出てきました。

さっそく適当な容器に「シロスナ」を集めてきて、絵の具を絞り、水を混ぜ、割り箸でグルグルかき混ぜていきました。色がまんべんなく混ざったところで、新聞紙の上に広げて乾かしました。

「イロスナ」は、乾くと固まりができていて、サラサラではありません。すると、ふるいを持ち出してきて石でつぶしてみたり、と試行錯誤が始まります。こうして、数日かけて青・紫の二色の「イロスナ」ができ上がりました。

さっそく、ドロダンゴをつくって、チャレンジです。「うまくできるかな？」とワクワクしながら取り掛かる子どもたち。もちろん、うまくいかなかったとしてもいいのです。子どもと一緒に原因を探るなどすることから、次の展開がうまれていくことでしょう。結果、この実験は大成功でした（ただ、紫はつやが出ますが、青はそれに比べ今ひとつです。筆者にとってそれは解明すべき謎ですが、子どもたちは問題にしていなかったので、取り上げませんでした）。この成功を受けて、「今度は、黄色もつくりたい」「ピンクがいい」と、他の色もつくり始めていきました。こうして、夏休みに入るまで、「色つきドロダンゴづくり」の活動は続きました。

この活動が一段落した、はじめて色つきドロダンゴができ上がった時点で、パワー・ポイントを使い、ドキュメンテーションを作成し、クラスの保育室のガラス戸に、室外に向けて貼り出していきました。これを手がかりに、後からこの活動に参加してくる子たちもいました。また1年の時を経て、当時年中組だった子たちが、年長組に進級してから「色のついたドロダンゴ、つくってたでしょ?あれ、やってみたい」と、イロスナづくりをはじめる姿にもつながっていました。

❸ ドキュメンテーションの効果

数週間続いたこの活動の展開と、ドキュメンテーションの効果とを考察すると、以下のことが考えられました。

① 参加メンバーにとって：自分たちのやってきたこと、やっていることを振り返ることができる。

② クラス内外の参加していないメンバーにとって：写真を中心としていることで、活動の展開が分かり、途中からでも参加するきっかけとなる。このとき参加していない年中児が年長になってから（つまり、1年後）、「色のついたドロダンゴつくりたい」と、活動を始めることもあった。

③ クラス外の保育者にとって：本園では、全職員がすべての子どもを見るということで、クラスの枠にとらわれずに子ども同士、また子どもと保育者がかかわる機会も少なくない。ドキュメンテーションを目にすることにより、活動が共有され、話題が弾む。また、的確な対応ができる。

これが、一つの活用例です。

❶

いろのついた どろだんごを つくろう

2014年度 ぺりかんぐみ
6がつ

❷

「つちのいろじゃ、つまらない」

- どろだんご づくりが わだいに なった。
- そしたら、「だんごに いろをつけたい」とだれかがいった。
- すると、「つちのいろじゃ つまらない」「わたし、ぴんくがいい」「ぼく、みどりにしたい」と、ほかの こどもたちもいう。
- 「いいね。でも、どうやって、いろをつける？」と せんせい。
- 「えのぐで！」と、こどもたち。

❸

えのぐを ぬってみよう

- どろだんごに すきないろの えのぐを ぬってみた。
- でも、なんだか ざらざら。
- ぴかぴかには ならないのかな？

❹

ひびが はいった どろだんご

- ひびが はいった どろだんごがあった。
- よくみると、ぴかぴかの かわに つつまれている みたいだ。
- きっと、しろすなをかけて みがいているときに、こうした かわ みたいなものが できるみたい。
- じゃあ、「しろすな」が「いろすな」だったら、いろのついた どろだんごになるかな？

❺

「しろすな」に いろを つけてみよう

- 「しろすな」をあつめて、
- えのぐを いれる。
- わりばしで ぐるぐる かきまぜる！

❻

「しろすな」に みずを まぜたら？

- これは、むらさきいろ。あか・あお・しろを まぜた。
- まざったものは どろっとしていた。
- しんぶんしのうえに ひろげて かわかしたよ。

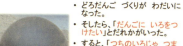

7

さらさらに　しよう
・「いろのすな」は、かわいたら、かたまっていた。
・さらさらにするため、いしでつぶしたり、ふるいにかけたり。
・むらさき　と　あお　ができあがり。

8

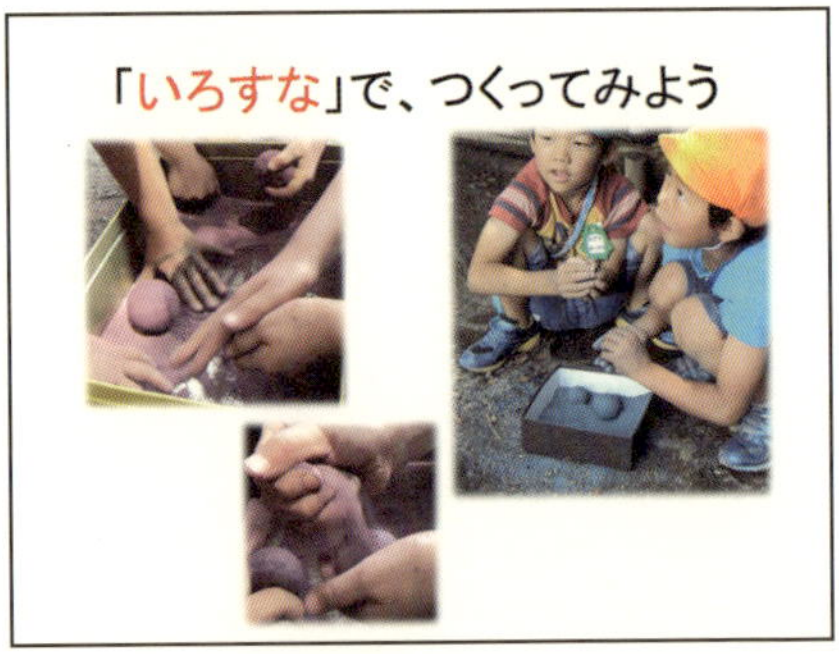
「いろすな」で、つくってみよう

9

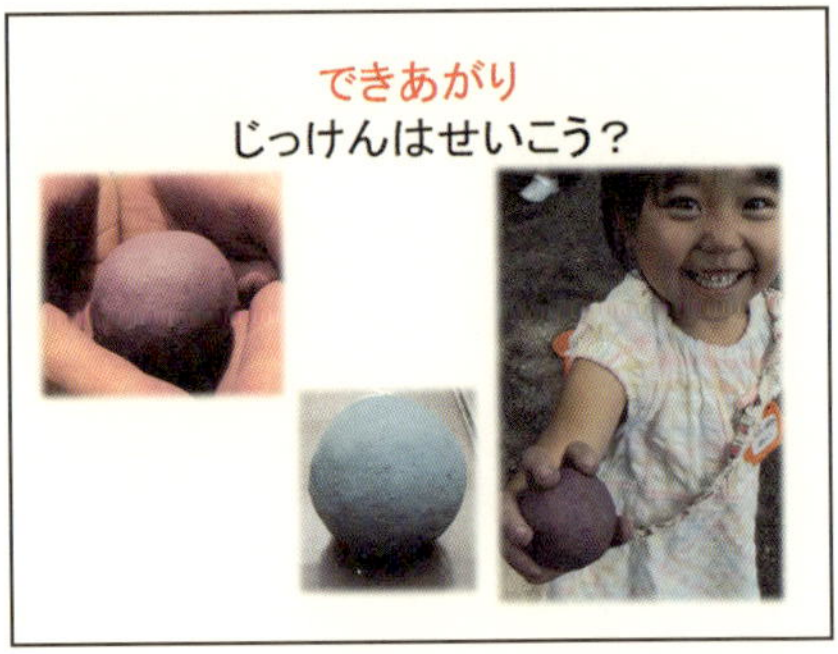
できあがり
じっけんはせいこう？

10

きいろ　と　ぴんくも　つくってみたよ

11

いろすな　が　できたよ
・ぴんく
・あお
・きいろ

12

いろいろな　いろだんご
・いろつきで、ひかるどろだんごが　できあがった！

❹「のりもの図鑑」をつくりたい

もう一つの活用例を紹介します。私たちの園では、保護者の方にご協力いただき、空き箱などを集め、子どもたちがそれを自由に使えるようにしています。私たちの園では「ガラクタ」と呼んでいます。

3歳児クラス、4歳児クラスの前半頃は、ただ箱にセロテープをくっつけていったり、一見何だか分からないようなものをつくっていたりします。しかし、それを楽しみ、存分に繰り返す中で技術も高まり、どうしたらどうなるのかというイメージも確かなものになっていきます。そして、4歳児クラスの後半頃から、次第にイメージしたものを思ったとおりの形につくるようになっていきます。

5歳児クラスになり、6月のことです。Aくんが「勝手に動く自動車」といって、小学生のお兄ちゃんが理科の授業でつくったという電池とモーターで動く車を持ち込んできました。男の子たちが興味を示して群がります。筆者が「この電池でモーターが回って、後ろのタイヤが回る仕組みになっているんだ」と仕組みを言葉にしていくと、Yくんが「これ、電気自動車じゃん!」と、閃いたように声をあげました。

保育者は子どもの頃に散々つくったプラモデルと同じ仕組みだったので、そちらと比較していたのですが、Yくんはその頃市販されるようになってきた、話題の電気自動車と結び付けていたのです。ちょうど現代は、ガソリン車からハイブリッド車へ、そして電気自動車へと、「自動車」が燃料問題とも絡んで、どんどん変化していっている渦中にあるとも言えます。子どもにとってもそれが関心ごとになっているのでしょう。しかし、そうした発想を持っていなかった筆者は、Yくんのその関連付けに驚き、「Yくん、いい発見したね！」と興奮しました。確かにこれは「電気自動車」です。

さっそくYくんが「電気自動車をつくる」といって、ガラクタを使って車をつくり始めました。それに刺激を受け、Cくんが隣に来て同じようにつくり始めました。しかし、Yくんの車にはないパーツが取り付けられています。

ここから、互いに刺激し合い、相手のいいところを真似しつつ、自分のアイディアを組み込んで車づくりが積み重ねられていきました。

次第に「電気自動車」から「ガソリンも電気も要らない車」とテーマが進んでいったりします。

また、はじめは固定していたタイヤを、「本当に回るように」工夫して、アイディアを発見し実現したり、ドアを開閉させたり、シートを取り付けたり、構造面でもどんどん進化していきます。

YくんとCくんだけでなく、Tくん、Sくんなども加わり、参加メンバーも10人ほどに増え、次々と車がつくり出されていきました。

2週間ほどして、車の数が10台を越えたところで、「自動車博物館」が開かれました。他のクラスの子どもたちをお客さんにし

て、きれいに並べた車を見てもらいました。すると、さらに車づくりの関心が高まっていきました。そして、「のりもの図鑑をつくりたい」という声があがりました。

「それ、いいアイディアだね」と、筆者も楽しくなってきていたので、撮りためてある写真とコメントを組み合わせて、車1台につき1ページの「のりもの図鑑」をつくっていきました。この時点で、36台の乗り物が揃いました。

完成したのりもの図鑑は、絵本の棚に入れておき、子どもたちがいつでも自由に見ることができるようにしておきました。これも一つのドキュメンテーションと言えるでしょう。

さて、「完成したのりもの図鑑」と言いましたが、実は「完成」はしていません。「のりもの図鑑」に刺激を受け、さらに自動車づくりが続いていったからです。例えば12月、Tくんは家で描いてきた「設計図」をもとに牛乳パックを使って、それを見事に再現していきました。

❺ ドキュメンテーション「のりもの図鑑」の効果

こちらの例も6月から数か月に及ぶ取り組みとなりましたが、その効果を考えると、以下の点が考えられました。

第一に、自分たちのつくったものを振り返り思い出すことができる。つまり、自分や仲間のつくったものと出会いなおすということです。そこから、「もっと、こうすればよかったな」というアイディアが浮かぶこともあるようです。実際、以前つくったものに手を加えてまた持ってくるという子どももいました。

第二に、モチベーションの継続です。この活動は、はじめの数週間は毎日のように取り組まれていましたが、その後は、ふと思い出したときに取り組むという様子でした。この「ふと思い出す」きっかけとしてものりもの図鑑が活躍していたのです。

❻ まとめ

これまでのことをまとめると、担任の視点から作成した筆者のドキュメンテーションは、「子どものやっていることを子どもに返す」というものでした。担任が記録して形に残すことで、子どもたちは「自分たちのやっていることは、それだけの価値のあることなんだ」と励まされます。

つまり、担任としては「目の前にいる子どもたちにとって」ということが第一に考えられていました。

「昨日より今日、今日より明日」と、保育実践をよりよいものにしたいという願いはどの実践者にも共通するものでしょう。その願いを具体化するための一つの方法として、筆者は実践の中で「写真を活用するドキュメンテーション」に取り組んでいます。それ以前と比較して振り返ってみますと、少し見えてきたことがあります。写真を活用する以前の記録を読み返すと、子ども同士の関係を視点としたものが多いことに気づきます。それが、写真を活用するようになると、「子どもがモノや環境とどう出会い、対話しているのか」という視点からの記録が増えているのです。

考えてみれば、幼児期は語彙も増えてきているので、「子ども同士のいざこざ」などは、「言葉のやり取り」がポイントになります。「言葉」は写真には写らないので、文字記録（あるいは動画記録）が有効です。しかし、身体的な動きや、環境の変化するさま、子どもと環境の相互作用などがポイントになる場合、その実践の記録には写真の活用が格段に有効になってきます。いずれにしろ、日々の実践を振り返り記録することで、次の展開へのアイディアが浮かんだり、後から子どもの動きや言葉の意味が深いところで捉えられたりします。結果として形になったものだけでなく、そのプロセス自体が保育実践を高めるために大きな意味を持つのだろうと実感しています。

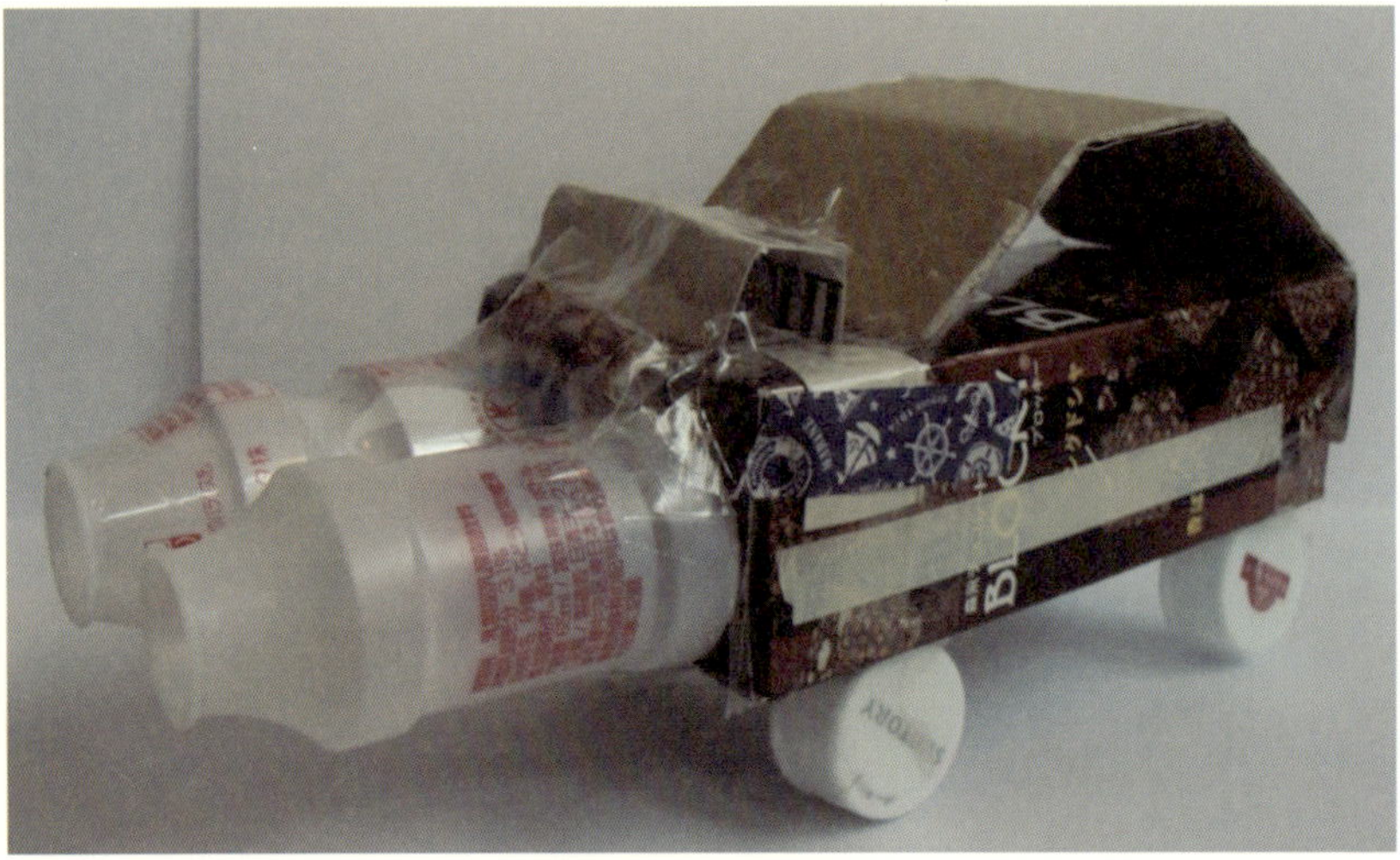

でんき　じどうしゃ

つくったひと：おおにた　ゆうと

つくったひ：２０１３ねん　６がつ　７か

とくちょう：うんてんせき　の　まえに、バッテリー（でんち）が　ついている。

そらくんがもってきた、「かってに　はしるくるま」をみて、それが「でんき　じどうしゃ」だとわかり、つくることにした。

やねのぶぶんは、はじめから　ダンボールでつくろうと　おもって、せんせいに「このくらいのおおきさの　ダンボール　ちょうだい」と　いってきた。　くじゃくぐみの　へやには　なかったので、じぶんで　つばめぐみにいって　もらってきた。　つまり、つくるまえから「なにをつかって、どういうかたちにしようか」と、あたまのなかに　イメージが　うかんでいたのだ。

タイヤが　まわる　くるま

つくったひと：ちょう　よしと
つくったひ：２０１３ねん　６がつ　１２にち

とくちょう：よしとくんの３だいめの　くるま。これまでの２だいと　かたちがちがう。

まえにシートがひとつ。うしろにはシートが２つ。シートは　はねあげることができる。そのささえのせいみつさが　わかるだろうか。

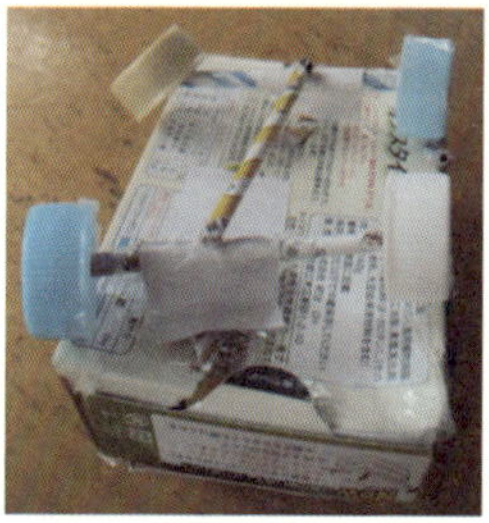

さらに、タイヤがまわるようにするために、くふうがみられる。これまでは、タイヤ（ペットボトルのふた）をセロテープでくっつけていたが、それでは　タイヤは　まわらない。

タイヤと　じくは　じくをたこのあしのようにきって、せろてーぷで　つけてある。そのじくを　じくうけで　つつみ、まわるように　してある。　じくうけは　あんていするように、まえとうしろをつないである。

でも、じくうけ　と　じく　が　くっついてしまい、タイヤは　うまく　まわらなかった。

タイヤが　まわる　くるま　2

つくったひと：ちょう　よしと
つくったひ：２０１３ねん　６がつ　２０にち

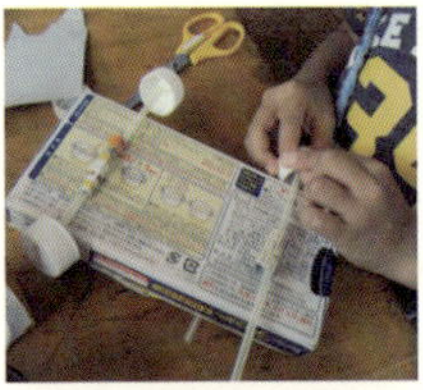

とくちょう：つくりはじめたのは、タイヤをボディに　つけるところから。

じくにする　ストローを　たこのあしのように　きりこんで、そこに　セロテープをつける。それから、タイヤにする　ペットボトルのふたに　くっつけていく。そのつくりかた、そのぎじゅつが、おみごと。

タイヤがまわるかどうか、たしかめながら　つくっていった。

だけど、とちゅうから、タイヤを　ヤクルトようきに　つけかえていた。　これも、ヤクルトようきの　くぼみに　ひもや　かみを　とおして、ちゃんと　まわるように　できている！

また、あたらしい　アイディアがうまれた。

3 対話をつなぐドキュメンテーション

1 野中保育園の保育方針

野中保育園では、子どもの興味・関心を起点とした主体的な活動を重視しています。活動の成果だけではなく、自分で選択し決定する過程や、目的を達成するために繰り返される創意工夫などにも、自己肯定感や学びに向かう力を育む機会が豊富に含まれていると考えているからです。保育者は、子どもたちが自然と遊び出したくなるような環境作りに努め、自分が計画した活動に誘いかけはしますが、そこに参加するかどうかは子どもが自分で決定します。途中から参加することも自由ですし、別の遊びに興味がわいた時には活動を抜けることも自由です。遊びに関してはクラスや年齢による垣根も存在せず、子どもたちは自分がしたいことを、したい場所で好きなメンバーと行うことが保障されています。集団生活なので限度はありますが、いつ始めていつ終わるのかも、可能な限り子ども自身の決定を尊重しています。

こうした保育は心配されるほど野放図にはならず、子どもたちの自律的な行動規範によって秩序だったものとなります。ただし、そのためには、保育者が受容的かつ肯定的に接し、子どもたちが禁止・抑圧から解放されている必要があります。自発的な行動の欲求を受容され承認されることで自律性が育まれると考えているからです。

また、野中保育園では危機管理に関しても独自の考えを持っています。子どもたちが生活し成長していく環境には必ず危険が存在します。保育園以外での生活や卒園後の将来においても安全を確保するためには、身の回りの危険を認識し適切にかかわる能力が育っていなければなりません。そうした、子ども自身の危機管理能力を育む上でも、子どもたちの主体的な活動を可能な限り許容することが大切です。冒険心を刺激したり、緊張感を与えるなど、遊びを深める上で価値のある危険については、大人が必要以上に先回りして取り除かないことも重要になります。

❷ 記録の共有と情報発信の大切さ

しかし、こうした保育の実践においては絶えざる振り返りが不可欠です。子どもの主体性を重んじると言いつつ、無計画で場当たり的な活動になってしまったり、反対に、目に見える成果を求めていつの間にか保育者主導の活動計画に陥ることもあるからです。

環境設定についても、充分な配慮が必要です。経験を重ねた年長児にとっては刺激的で遊びを誘発する設定も、よちよち歩きの一歳児にとっては危険な場合があります。前述の通り、野中保育園の実践においては、危険性のあるものをすべて取り除くことはありませんが、子どもがその存在を把握でき、遊びの価値を高めるために必要な危険（＝リスク）と、子どもが認識できず遊びにとって意味のない危険（＝ハザード）とを混同することがないように、繰り返し環境設定を見直す必要があります。

保育計画や環境設定が適切なものであるかどうかを確認するためには、一人ひとりの保育者が意識を高めることはもちろんですが、職員全体や保護者もまじえた多角的な視点で検討することが必要になります。子どもが環境に働きかけ自ら学び取る姿を活き活きと記録し、共有することが、保育の質を担保し、安全を確保する基盤となります。しかし、現場で実践を受け持つ保育士は多忙で、確認のためだけの記録はともすれば苦痛な作業となります。次の計画に活かしたり、共有し検討する過程自体がカンファレンスとなり得る記録形態が求められます。

また、保護者と信頼関係を築き、保育方針の理解を深めるためにも、積極的な情報発信は不可欠です。日々の生活の中に散りばめられたたくさんの学びの機会を、子どもたちが遊びを通じて充分に活かしている姿を保護者にも伝えることが大切です。

❸ ドキュメンテーション作成に取り組む背景とねらい

保育実践の振り返りとして実用性のある記録となり、かつ保護者向けの情報発信として読みやすい形態を模索した結果、レッジョ・エミリアのドキュメンテーションに辿りつきました。筆者は事務長職ですが、園長経験もあり、比較的保育実践に近い立場であったので、現場の保育士に投げかける前に、まずは自身でドキュメンテーションの作成に取り組んでみました。

取り組みを始めるにあたって、野中保育園におけるドキュメンテーションのねらいを次のように設定しました。

① 保護者に向けて

○　園内での子どもたちの様子を知ることで、園内での営みに興味を持ってもらう

○　園での生活について、子どもや保育者と、または保護者同士で語り合うきっかけを提供する

○ 写真に筆者のコメントを入れることで、遊びが学びでもあること、環境を整えれば子どもは主体的に活動できることを理解してもらう

② 子どもに向けて

○ 園での活動について、保育者や保護者と、または子ども同士で語り合うきっかけを提供する

○ 自分たちの活動を振り返るきっかけを提供し、活動の継続や展開の活力とする

○ 自分たち以外の子どもの活動を知るきっかけを提供し、模倣や協働の契機を作る

③ 現場の保育士に向けて

○ 保育を行いながらの記録では点としてしか捉えられない子どもの活動を、保育に制約されない立場から線として捉えた視点を提供する

○ 子どもと、子どもの興味・関心の対象を同時に記録することによって、それらの関係性を俯瞰した視点を提供する

○ 子どもの主体的な活動を可能にした保育士の配慮・環境整備・無意識の動きに焦点を当てることで、日々の取り組みの素晴らしさについて自覚を促す

○ 子どもの姿について、子どもや保護者と、または保育士同士で語り合うきっかけを提供する

右記のうち保護者と子どもに向けたねらいは、現場の保育士がドキュメンテーション作成を行う場合にも共通だと思われます。

❹ ドキュメンテーション作成の実際

子どもたちの活動を、どのように切り取り、どのように語るかの視点は、ラーニング・ストーリーの視点を参考にしています。ラーニング・ストーリーは観察と記録による子ども理解の方法ですが、保育者や保護者が、子ども一人ひとりの興味・関心や気持ちなどに目を向けて、子どもが肯定的にみえるようになるための視点を培っていく方法でもあります。野中保育園の保育方針、とりわけ目標とする保育者像・保護者像に密接につながっているであろうと考え、取り入れました。

実際に撮影するときや、写真を選択するときには、子どもたちの主体的な活動の中から、特に次の5つのうちいずれかに該当する場面を取りあげるよう留意しています。

Ⓐ 何かに興味を持っている

Ⓑ 夢中になっている

Ⓒ チャレンジしている

Ⓓ 気持ちを表現している

Ⓔ 自分の役割を果たしている

また、現場の保育士の視点との差別化を意識し、撮影する場所を固定して出入りする子どもたちの定点観察を行ったり、活動の中心から外れた子どもを継続的に撮影することを心がけています。子どもたちの活動が活発になる9時から11時頃、および15時から16時頃に、園庭や保育室を回り、1日に平均して100枚程度撮影します。そのうち5枚から10枚の写真を選び、ドキュメンテーションを作成・掲示していますが、具体的な手順は次の通りです。

① デジタルカメラで撮影した写真データをパソコンに取り込む
② データを閲覧しながら構成を考え、使用する写真を選択する
（使用ソフト：Adobe Bridge）《図1》
③ レタッチ、トリミングを行い、紙面にレイアウトする
（使用ソフト：Adobe Photoshop）《図2》
④ キャプションとタイトルを入力する（同）《図3》
⑤ プリントアウトして、園内4か所に掲示する《図4・5》
⑥ ウェブで保護者に向けて公開する（Facebook の保護者専用ページ）《図6》

レッジョ・エミリアにおいてはもちろんのこと、国内においてもドキュメンテーションはプロジェクト活動の過程を継続的に捉えたものが一般的ですが、筆者による取り組みは、日々の子どもの姿を切り取って語ることを中心に据えています。後述する現場保育士による取り組みも同様です。蓄積された一連のドキュメンテーションを振り返った時に、一人の子どもの成長や、継続的に展開し変遷した活動の過程が浮かび上がってくる、という位置づけの方が当園の保育観に沿っていると考えているからです。

初期設定
フィルムストリップ
メタデータ
出力
IMG_0543.JPG

図1

11/24
Tue
何かに興味を持っている
気持ちを表現している

図2

同じく久しぶりに登園した猫のポポちゃんを囲んで盛り上がっている

図3

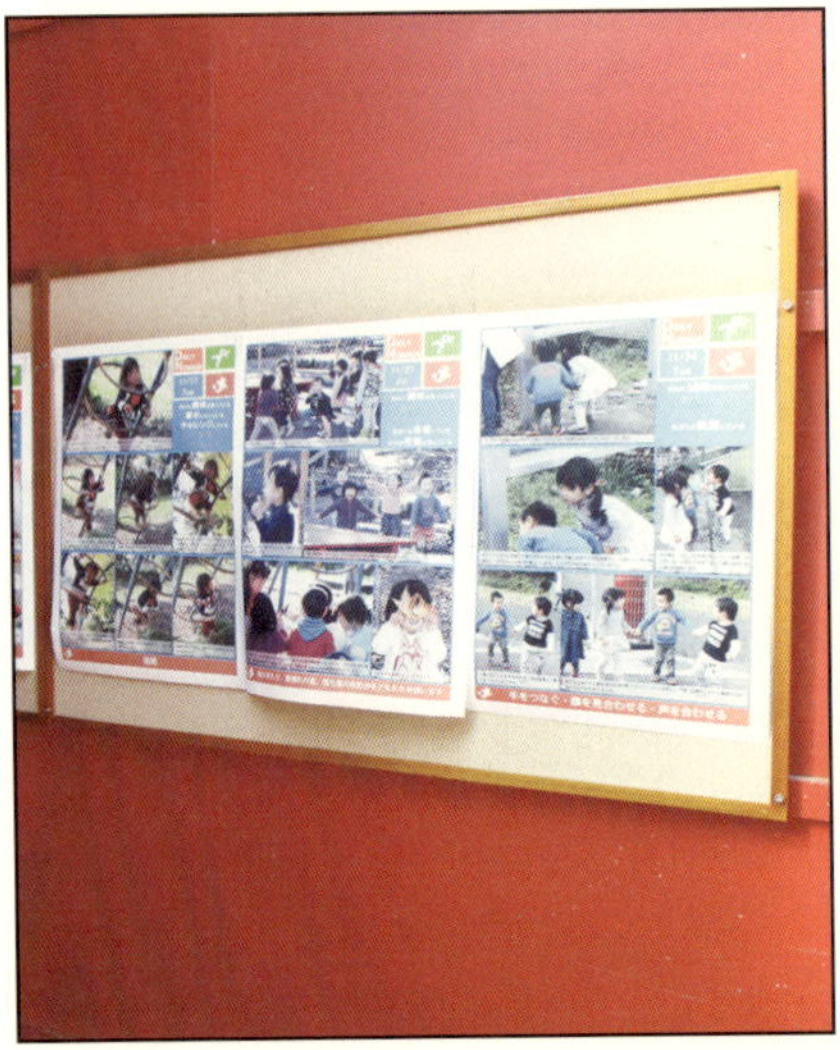

図5

図4

図6

野中保育園の様子
中村 章啓
ホーム
中村 章啓
2015年11月24日
共感しあえることって素敵ですね。
DAILY NONAKA
11/24 Tue
手をつなぐ・顔を見合わせる・声を合わせる
いいね！
コメントする
他32人が「いいね！」と言っています。
83人が既読
写真を撮って頂きありがとうございます。
久々の登園にも関わらず、お友達が温かく迎え入れてくれたおかげで、
の笑顔が見れて良かったです。
これからもよろしくお願いします。
いいね！を取り消す · 返信 · 1 · 2015年11月24日 14:18
中村 章啓 子どもたちは、私たち大人が考えている以上に、共感や感情移入の力が優れていることが判りますね。
優しく迎えられた経験は、いつか誰かを優しく迎えることができる力を
君に育んだと思います。
いいね！ · 返信 · 2015年11月24日 14:38
日本語 · プライバシー · 規約 · Cookie · 広告
AdChoices · その他
Facebook © 2016

DAILY NONAKA

11/24 Tue

何かに**興味**を持っている

夢中になっている

チャレンジしている

気持ちを**表現**している

自分の役割を果している

久しぶりの登園でほんの少し不安そうだったＹ君の手をＫさんが引いています。

同じく久しぶりに登園した猫のポポちゃんを囲んで盛り上がっているお兄さん・お姉さんたちの隙間から、ポポちゃんの様子を窺っています。Ｋさんが何か耳打ちしていますね。

Ｓ君が「ぼくとも手をつなごう」と提案しました。みんな並んで手をつないで後ろ向きに歩く遊びが始まります。

一緒に同じことをするだけで、不安は溶けて無くなっていくようです。

友だち一人一人と顔を見合わせて笑うだけで、「ここは安心して遊べる場所」という確信が広がっていくようにも見えました。

手をつなぐ・顔を見合わせる・声を合わせる

❺ ドキュメンテーションの効果

ドキュメンテーションの作成・掲示を始めると、保護者からはすぐに反応がありました。「保育園にいる間に子どもたちがどのように過ごしているのかが良くわかる」「登園時に不安そうにしていても、お迎えに行くと『早すぎる。まだ遊びたい』と言う理由がわかった」「帰宅後、保育園であったことを話してくれるが、子どもの言葉だけでは解からないことも多かった。写真でエピソードが紹介されていると、子どもとの会話が深まる」と好意的で、保護者が園からの情報提供を求めていたことが再確認できました。

また、保育園での遊びや生活に役立つアイデアや素材を提供してもらえることも増えました。保護者が保育に興味を持ち、多忙ではあっても保育に参画する意欲と欲求を持っていることが浮かび上がり、保育参加事業（保護者による一日保育士体験）に取り組むきっかけともなりました。インターネットで公開した画像に対してコメントが付き、コメント欄で保護者同士の意見交換が展開されることもあります。掲示板の前で、保護者同士の会話が見られることが増え、子どもたちがドキュメンテーションを見上げて、自分や友達の活動を振り返って語り合う姿も見られます。子どもたちにとって興味深いこと、印象的だったことを取り上げられていたときには、筆者に感想を聞かせてくれることもあります。

❻ 現場の保育士にも広がり始めたドキュメンテーション作成

筆者が取り組みを始めてから、ちょうど1年後、一人の保育士が独自にドキュメンテーション作成を始めました。その後、他クラスにも広がり、２０１５年度の段階では、８クラス中３クラスで毎日ドキュメンテーションが作成・掲示されています。手法・様式については保育者それぞれが取り組み易いものでよいとした結果、①デジタルカメラで撮影、②ＬＡＮ接続できるプリンターで普通紙に印刷、③Ａ４～Ａ３程度の台紙に切り貼り、④手書きでコメントを記入、⑤各クラスの保護者が見やすい場所に掲示、という流れが一般的になりました。

保育実践を持つ、クラス担当によるドキュメンテーションは、もちろん保護者には大変好評です。クラスにおけるその日の活動が可視化されるので、送迎時の保護者との会話が単なる事務連絡に終わらず、保育内容や子どもの育ちなどについて日常的に意見交換できる基盤ができました。ドキュメンテーションを毎日作ることが定着したクラスについては、保育日誌のエピソード記述部分をドキュメンテーションと置き換えることで、事務量を軽減しています。具体的なエピソードを共有し易い形で記述することを目指したとき、写真を活用したドキュメンテーションは非常に有効だと感じています。複数担任のクラスでは、ドキュメンテーションを持ち回りで作成していますが、午睡時間等を利用して作成している過程そのものが、クラス内のミーティングやカンファレンスの機能を持つことにも気付くことができました。

つくし2　　2月1日.

[redacted]ちゃんが、船型の遊具に寝転んでいると、
[redacted]ちゃんが来てゆらゆらと揺らしていました。
その姿を見て、[redacted]くんも反対側を揺らします。
2人で膝を上手に使って遊具に体重をかけていたので、
遊具は大きく揺れます。中にいる[redacted]ちゃんもとても楽しそうにしています。一緒にクラスの子と同じことをして、笑い合える時間、とても素敵な時間でした。

保育士が作成したドキュメンテーション（0，1歳児クラス）

つくし２　　２月３日

①

[illegible]ちゃんが横一列に
牛乳パックつみきを並べていると、

②

見ていた[illegible]くんが
上に乗り始めました。

③

[illegible]ちゃん、[illegible]くんも乗ろうとしますが、
せまくて全員乗れません。

④

すると、余っていた牛乳パックを全て
並べ始めた[illegible]くんと[illegible]ちゃん。
[illegible]くんは、上を上手に歩いています。

⑤

並べ終わると、「どんどんばし わたれ」と
わらべうたにあわせて、3人が歩き始めます。
最初は、途中から乗っていた子もいましたが、
気づくと一方通行に進んでいました。

⑥

降りた時に牛乳パックがくずれると、
もとの場所にしっかりと戻しています。こわれては直し
また歩く3人、とてもいい表情をしています。

保育士が作成したドキュメンテーション（0，１歳児クラス）

❼ ドキュメンテーションの二次的な活用

ドキュメンテーションは記録のための記録で終わらず、保護者への情報提供のためだけのツールでもありません。前述の通り、保育日誌のエピソード記述と置換すると、担当以外の保育者からも実際の子どもたちの姿が想起しやすい記録となります。結果として実践の取り組みの振り返りや共有が容易になり、次期の計画立案に有効な資料となっています。

特に3歳未満児クラスでは、日々蓄積されたドキュメンテーションを一人の子どもに焦点を当てて振り返ることで、成長・発達のストーリーが浮かび上がり、保護者との対話の材料になる上、個別の指導計画を作成するために有効に活用できます。

一方、３歳以上児クラスでは、子どもたちの自発的・主体的取り組みの変遷を追う視点で振り返ることでプロジェクト的な活動の萌芽を見いだすことができます。これも期案・月案を作成する上で重要な資料となります。

また、ドキュメンテーション作成を通じて、保育者は自らの保育観を客観視することができます。ドキュメンテーションを作る過程で、自分が子どもたちの活動をどのように見て、どこを切り取り、どんな言葉で語りたいと感じているのかが可視化され自覚を促されます。自身の「見る・切り取る・語る」プロセスを、作業を通じて振り返ることで、自分が何を面白いと感じているのかが浮かび上がってくるのです。複数担任クラスで行う場合には、保育士同士がそれぞれの保育観を開示し、連携する基盤づくりにも役立ちます。

❽ 保育の現場においてドキュメンテーションを作成する上での課題

ドキュメンテーションは万能ではありませんが、これまでに述べたとおり汎用性を秘めた様式であり、多様に活用してこそ取り組む意味が出てくるものです。保護者への情報開示だけを目的に作成するのは、事務量を増大させ、多忙な保育実践者が取り組む上では無理があります。

自身の保育観が可視化され、作成の過程においても、掲示終了後に振り返った際にも共有が容易であるという利点は、園内研修や実践を通じたトレーニングの題材として利用することでこそ活かされるようになります。

しかし、実践を振り返ったり、可視化された自身の保育観を咀嚼し直すためにも、作成において充分な時間が確保されていることが必要です。多様化・長時間化した保育ニーズに応えるため、保育者は非常に多忙で、充分な休憩時間も取れず、午睡時間中に大急ぎで事務処理を済ませているのが現実です。保育実践者が直接処遇から離れられる、振り返りや共有のための事務時間（ノン・コンタクト・タイム）を確立することが現状の大きな課題です。

毎日確実にノン・コンタクト・タイムが保障され、複数の保育者が並行してドキュメンテーションを作成する過程で、互いに意見や感想を語り合う環境は、理想的な非公式カンファレンスになり得ます。こうした、処遇・施設運営計画面での課題に気付けたことは、事務長の立場でドキュメンテーション作成に取り組んだことから得た、最大の収穫でした。

4 保育カンファレンスにおけるドキュメンテーションの活用

1 認定こども園母の会の概要 ―園の歴史と現在の保育―

「認定こども園母の会」は、戦後間もなく「これからの時代は幼児教育が大切」と、地域の母親たちの声により幼稚園として誕生したのが始まりです。当時、子どもにとって何が一番大切かを考えて設立されたのが幼稚園だったわけですが、あれから69年。現代の様々な家族の在り方や価値観の多様化から、時代に応じた新しい保育・幼児教育が求められていることを感じ、2008年に幼保連携型認定こども園となりました。幼稚園・保育所という今までの制度の枠を超え、すべての子どもの幸せを願い、一人ひとりの子どもに応じた保育を行っていくことを目指しています。

現在の認定こども園母の会には、40人の乳児（0、1、2歳児）が生活する「たねの家」と、100人の幼児（3、4、5歳児）が生活する「木の家」と呼ばれる二つの木造園舎が道を隔てて建っています。学校を小さくしたような建物ではなく、家族が生活する家を大きくした園舎という考えを基に建てられました。「たねの家」はゆったりとした空気が流れ、「木の家」は活気にあふれています。「たねの家」と「木の家」が50ｍほど

幼児の生活の場「木の家」

離れているという立地条件は、良い面として機能している部分もありますが、離れていることの良さを生かし切れていない課題もあります。良い面は、異なった環境があることで、子どもの状態や要求に応じて、その時々に良い環境を提供できることです。例えば、大きな集団での生活に戸惑う幼児を「たねの家」に連れ出すと、自分の家に近い雰囲気を感じるのか、または年上の幼児たちの勢いから解放されるのか、安心して遊び始めます。また乳児たちは生活が落ち着いてくると、新しい刺激を求め始めます。そのような時に「木の家」に連れていくと、自ら幼児の仲間遊びに飛び込んだり、幼児がしていることに見とれていたり、見よう見まねで遊びを楽しむ姿があります。このようにそれぞれの場への行き来は、子どもの安定の場の確保や経験の広がりにつながっています。しかしながら、幼児・乳児の担当保育者が、その時々の子どもの姿を的確に捉え、個々の子どもに今、何が必要なのかをよく見極めないと場の行き来は無意味になります。保育者の子どもを見る目やそれに基づいた保育の創意工夫、保育者の力量が求められています。

また、以前より本園では、保育者、職員がクラスや役割の枠に囚われず、子ども一人ひとりにかかわり、理解していくことを目標としています。しかし園舎が離れていることで、互いのしていることを日常的に見て感じたり、子どもについての共通

乳児の生活の場「たねの家」

理解をもつには難しい面があります。園舎が分かれていても一つの園であることを保育者、職員が認識し、お互いの保育を理解し合い、実践を深めるためにどうしたらよいかと模索していました。このような課題もあり、また子ども一人ひとりへの理解をさらに深めていくために、「たねの家」と「木の家」の保育者、そして東洋大学の高橋健介准教授（以降、高橋）と協同で取り組み始めたのがドキュメンテーションを用いた保育カンファレンスです。

❷ ドキュメンテーションと保育カンファレンス

① 保育カンファレンスにドキュメンテーションを用いることの意味

保育カンファレンスとは、保育の事例を保育者間や外部の人と読み合わせ、その事例について話し合うことです。保育カンファレンスを通して、事例に対する他者の多様な読み取りに出会い、子どもやそこでの言動に対する見方を広げることで、幼児理解を深めていくことにつなげていきます。これまでの保育カンファレンスでは、主に保育者によって記述されたエピソード記録がその題材として用いられてきました。

一方、ドキュメンテーションを用いた保育カンファレンスは、コンパクトデジタルカメラ、パソコン、プロジェクタ、プリンタなどの情報機器の進歩とともに、ドキュメンテーションの作成、提示（投影、印刷等）が以前よりも容易になり、ドキュメンテーションを介して保育者間で子どもの姿を共有することがより可能になってきました。写真によって映し出される子どもの姿は、ドキュメンテーションの作成者によって切り取られたある場面ではありますが、実際の場面を映像として表したものです。また、作成者が意図していなかった周辺の事象が映し出されていることもあります。ドキュメンテーションは、子どもやその行為に対する見方を広げ、深めていくための保育カンファレンスの題材として、今後ますます活用されていくことが期待されています。

② ドキュメンテーションの作成とそれを用いた保育カンファレンスの展開

● ドキュメンテーションに使用する写真の撮影

認定こども園母の会で取り組まれているドキュメンテーションを用いた保育カンファレンスは、高橋が作成したドキュメンテーションを用いて行われています。高橋は、2週間に1度のペースで認定こども園母の会を訪問し、9時30分頃～11時30分頃の間に、要望のあったグループ（「たねの家」もしくは「木の家」）の子どもたちの生活や遊びを観察しながら、その様子をコンパクトデジタルカメラで撮影し、必要に応じてフィールドノートで記録します。

写真撮影には、オリンパス社のコンパクトデジタルカメラ（TG・850）を使用しています。このカメラを使用する理由は、他のコンパクトデジタルカメラと比較して視角が広く（焦点距離：21～105㎜〔35㎜カメラ換算〕）、焦点を当てた子どもの他に周辺にいる子どもや保育者、そして物的な環境をより多く写し込むことができるからです。実際の撮影では、特に子どものモノ（環境）とのかかわり、その基盤となる人（他児、保育者）とのかかわりに着目して撮影しています（2015年4月～2016年3月までに、計20回の観察、記録を行っています）。

● ドキュメンテーションの作成

高橋は、保育観察後の12時頃～13時30分頃に、職員室にて、撮影した写真（1回１００枚～１２０枚）から使用するものを選択し、パワー・ポイントを用いてスライド2枚分（Ａ４用紙2枚分）のドキュメンテーションを作成しています。１枚のスライドには、６～10枚の写真を使用し、それぞれの写真にコメントを付けます。写真の選択には、なるべく遊びの経緯が伝わるよう連続して撮影したものを選んでいます。これらのドキュメンテーションは、実際には公開していませんが、保護者等に公開することを前提として作成しています（48～49頁にも作成したドキュメンテーションの一部を添付）。

主に遊びの面白さや子どもの育ちといった観点から作成した2枚のドキュメンテーションの他に、その日の抽出児の気になった場面の写真をスライド（1～2枚）にしています。この抽出児写真記録は、保育者間での利用を前提として作成しています。

●ドキュメンテーションを用いた保育カンファレンス

各観察日の14時10分～15時10分に、ドキュメンテーションを用いた保育カンファレンスを行っています。保育カンファレンスには、ほぼ全学年（0～5歳児）の担当保育者、園長、主任が参加しており、各回10人ほどが参加しています（２０１５年9月～２０１６年3月までに、計12回の保育カンファレンスを行っています）。

ドキュメンテーションの映像は、パワーポイントで作成したスライドをＰＤＦファイルにし、液晶テレビに投影しています。ＰＤＦにする理由は、ドキュメンテーションに添付した各写真を最大限に拡大できるからです。必要な箇所を拡大して見せて説明したり、カンファレンスの最中に、必要に応じて写真を拡大し参加者相互に確認し合うことができるからです。

保育カンファレンスは、まずはドキュメンテーションを作成した高橋からそこに添付された写真について、その子どもや遊びなどに対する読み取りを説明します。また、話題になった子どもやその場面について、担任保育者の立場からも読み取りが説明されます。その後、参加者それぞれが印象に残った場面について、気づいたり、考えたことを出し合い、カンファレンスをすすめています。

10月27日の様子（たねの家）

様々な素材とかかわりながら、自分なりの表現を楽しむ姿が見られます。

1歳児

容器で作ったマラカスを並べています。

次は並べ方を変えて・・

立ち上げって見てみます

今度は座って見てみます

お手玉をカゴから、出しては片付けることをくり返すうちに、自分なりに並べてみる姿がありました。

作っては壊すことをくり返しながら、積み方や並べ方（自分なりの表現）を確かめています。

10月27日の様子（たねの家）

園庭では、身近な生き物と出会い、魅了されながら、友だちと一緒に学びあっています。

2歳児

カナヘビが畑に出てきて・・・

みんな興味深々

ドキドキしながら、触ってみました。
一人がやり始めると・・・

チューリップのプランターづくりでは、ナメクジが出てきました。
遠くから眺めている子どももいます。

今度は自分でもナメクジを見つけました。これならじっくり見れます。

やっぱりみんなが集まってきました。

一人が土の石ひろいを始めると・・。やっぱり一緒にやりたいのです。

11月9日の様子（木の家）

3歳児

遊びの中での仲間とのつながり方も様々です。
共有できることで、楽しくなっています。

敵役になってくれそうな先生（実習生）を見つけ、いきが合ってきました。

ヒーローごっこの相談。それぞれの思いはでるのですが・・・。

気持ちが合わず、壊してしまいましたが、改めて互いのイメージが少しずつ伝わってくると楽しそうです。

近くにいながらも、それぞれの場所で遊んでいましたが・・・

遊びが伝わっていきます。

3人で、1つの車庫を作ってみました。

見て学びながら、自分なりにやってみました。

11月9日の様子（木の家）

5歳児

場とモノを自ら使いこんで、仲間との協同的な遊びが展開されています。

基地づくり？が始まりました。
高く積んで囲むことでの工夫が見られます。

協力して屋根も作っていきます。

椅子を使って、広げています。

囲まれた基地の中で、秘密会議。親密度も高まっていきます。

仲間と椅子をきれいに並べて、基地がひろがりました。

自分なりのアイディアをかたちにしようとしますが・・。
友達が協力してくれました。

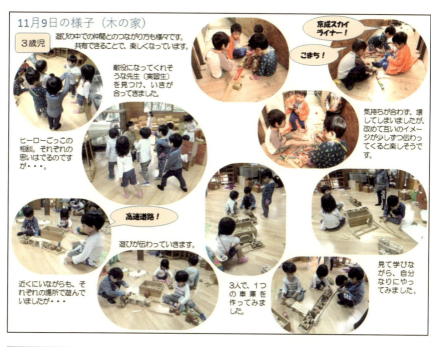

❸ ドキュメンテーションを用いた保育カンファレンスから考えられたこと（保育者へのアンケートより）

① 保育の最中では見えていなかった子どもへの気づき

集団保育の特に遊びの場面では、保育者はある個やある集団の子どもの姿を見取り、必要に応じてその子どもを援助します。したがって、担当するすべての子どもを常に見取ることはとても難しいのです。その一方で、保育者は、見えていなかった子どもの姿やその思いも、その前後の姿などからある程度推測することも必要です。保育カンファレンスを通して、見えていなかった子どもの姿に気づき、そこでの育ちの意味を考えることで、推測することによって、自らの幼児理解を補っていくことの意義を考える機会となっています。

○「保育中には気づかなかった子どもの動きや表情を見ることができ、子どもの思いを知る手がかりになることを知りました」（乳児クラス担当）

○「写真を撮って頂き、様子を細かく分かりやすく教えていただけることで、私には見えていなかった子どもの姿や別の一面、また遊びのつながりが見られ、とても勉強になりました」（幼児クラス担当）

② 客観的、俯瞰的な視点への気づき

実際のある場面を映し出すドキュメンテーション（写真）によって、冷静にその場面を見取ることで、子どもやその行為への捉え方が広がっています。思い込みがあったり、周辺の状況に気づいていなかったりと、忙しい保育の最中では客観視することが難しい状況において、保育カン

ファレンスを通して、客観的、俯瞰的な視点からも子どもの姿を捉えることの必要性を改めて認識する機会となっています。

○「映像の客観性という視点だからこそ得た〝学び〟がたくさんありました」（乳児クラス担当）

○「保育を外から見るということ、客観視することの大切さをあらためて感じました。そのことにより様々な角度から子どもを捉えることができ、新しい気づきも多くありました」（幼児クラス担当）

③ 多様な視点からの読み取りの広がり

ドキュメンテーションを通して、実際の子どもの姿を確認し、これまでに捉えきれていなかった子どもの新たな一面に気づく機会となっています。また、話し合いを通して、複数の他者の捉え方にも耳を傾け、自分自身の捉え方と相対化することで、子どもやその遊び、育ちに対する読み取りが広がり、深められていることが考えられます。

○「子どものある一場面の姿を様々な保育者が見て、それぞれの意見を出し合うことで、自分にはない見方、感じ方、かかわり方を知ることができました。自分の見方を振り返るきっかけともなり、大きな学びの時となりました」（乳児クラス担当）

○「カンファレンスを通して、いろいろな保育者の見方について話し合うことで、広い視野で考えることができ、次の日どのように子どもとかかわろうかその道すじを立てる

ことができました」（幼児クラス担当）

④　連続性を考慮した読み取り

多くの子どもを見る、時にはある子どもにかかわることが前提の保育者は、連続性を考慮しながら子どもの姿を見取ることは難しいところでもあります。ドキュメンテーションもある場面を切り取ったものですが、ある程度連続的な写真が提示され、前後の意味を確認しあうことで、連続して読み取る（推測を含む）ことの必要性を改めて考える機会となります。

○「乳児の保育をすすめる中で、気にかかる子どもの行動を点で捉えることができても、なかなか線で追うことが難しいと感じます。写真を通して行動がつながり、子ども理解が深められて、その後の保育の参考となりました」（乳児クラス担当）

○「ひとりの子どもの遊び傾向、動きをずっと追うことができるので、何か出来事があったり、遊びの展開でどうしてそうなったのか?という前後の様子がよく分かる」（乳児クラス担当）

⑤　保育者間（非公開）で活用する写真記録について

保育者からドキュメンテーションの作成者へ、保育カンファレンスの題材にその時々で気になっている子どもを取り上げてほしいとの要望があり、実際のカンファレンスにおいてもそのことを話題にすることが多くありました。保護者等への公開を前提とするドキュメンテーションでは、課題をもつ子どもやその場面を取り上げることはなかなか難しいことが考えられます。よって、公開されるドキュメンテーションは、特に気になる子どもやその場面での保育者側の幼児理解については限定的に表されていることもあり、それを補う写真記録やそれを用いた保育カンファレンスも必要であると考えられます。

○「普段保育をしているとなかなか見えない気になっていた子どもの姿について、写真を通して気づくことができました（本当は何を求めているのか?視線の先にあるものは……）」（幼児クラス担当）

○「今後も気にかかっている子どもの姿を取り上げて頂きたいと思います」（乳児クラス担当）

❹ これまでの保育カンファレンスをふり返って　―保育者の変容について―

保育カンファレンスでは、ドキュメンテーションを通して複数の事例が提案されました。作成者（高橋）の視点で遊び、集団の育ち（異年齢・同年齢）、環境構成などを撮影し、作成されたドキュメンテーションを見ながら、２週に１度保育者たちが集い、子どもの育ちや援助について話し合う機会となりました。

保育カンファレンスを継続していく中で、映像を見ながら、子どもの姿やその読み取りを見聞きすると、まずはその時々の子どもの成長を確認することができ、その場面を見ていない（共有していない）保育者同士が、リアルにそれぞれが担当する現場を感じられるようになっていきました。さらに、今、気になっている子どもや、先輩保育者から保育の楽しさに手ごたえを感じ始めた若手保育者への観察（撮影）の申し出など、保育者から作成者への要望も出されるようになりました。すると、他の保育者が個々の子どもの何を課題としているのかを知る機会にもなり、気になる子どもに対し、自分自身も意識を持ってかかわりを持とうとする姿勢が生まれてきました。また、子どもの問題行動と思っていたことが、実は保育者側の問題であったことへの気づきが得られたこと、子どもの姿の読み取り方によって保育者のかかわりが変わることを実践の中で実感できた保育者もいました。

ドキュメンテーションを用いた保育カンファレンスを始めた当初は、園舎が離れた「たねの家」と「木の家」のお互いの保育を理解し合うことが目的の一つでしたが、回を重ねることで、たった一枚の写真から、子どもの姿を多面的に捉えることが少しずつできるようになりました。保育者がどのような援助を考え実践できるか、さらに写真に写っていない子どもについて思いを馳せることにもつながり、保育者の視野や関心が広がり、保育者同士の連携にもつながっていることが感じられます。

さらなる保育の深みが出るように、今後は保育者自身が実践者の視点からドキュメンテーションを作成しそれを題材とすることで、保育者同士の学び合いを深めていきたいと考えています。それにとどまらず、保護者やこれから保育や育児を学ぼうとしている方、地域の方など、幅広い方々と、保育の面白さや子どもの遊びの意味などを共有する手立てとしてドキュメンテーションを活用できたらと考えています。

5 ドキュメンテーション活用の展望とその課題

❶ 保育記録としてのドキュメンテーション作成研修から見えてきたこと

① 保育の記録に写真を活用するためのワークショップ型研修

筆者は、2014～2015年度の神奈川県私立幼稚園連合会の研究部会において、ドキュメンテーションを対象とした研修を担当しました。これは、固定メンバーで全8回の研修を月1回のペースで、平日の午後4時30分～6時30分に2時間で行うものです。依頼段階での想定は「写真付き保護者向け印刷物」を作るイメージでしたが、研究部会のテーマを「幼児理解と評価」とし、保育者のための「保育記録に写真を活用するためのワークショップ型研修」としました。最終的な読み手が保護者になることもあるけれど、まずは自分自身を読み手として、さらには同僚との対話のツールとなるような、保育記録に写真を活用するための研修としました。

毎回、自園で撮影した写真を持ち寄り、ペアで写真を間において対話することから始め、保育の記録を作成します。実際の仕事場面を想定し（持ち帰り仕事にしない）、作成時間を20分以内に制限しました。未完成でもすべての作品を壁に貼り、それらを見ながら参加者同士で対話をします。その対話からの気づきをポジティブな表現限定のコメントにして付箋で貼り付けます。同僚同士が作成しあったドキュメンテーションを介して対話し合うイメージです。

② 子どもの「マイナスの気づき」が可視化される場合

この研修では、保育の記録を書くにあたり、たまたまその日同じテーブルになった他園の保育者に自分のエピソードを語ったり、相手の話を聞いたりします。そこで研修参加者はどのような経験をしていたのでしょうか。振り返りからは次のようなことがうかがえました。

○ 写真を使っても状況説明の文章は長くなりがちだが、繰り返すうちにコツがわかってきた
○ 作成したドキュメンテーションを使って語り合うことで、実際の場面では気づかなかったことや他園の環境・教材の様子を知ることができた
○ 保育者自身が面白がって持ち寄った写真とそのエピソードについての話を聞き、自分でも経験してみたい気持ちになった
○ 子どもの気づきがつながったり深まったりするエピソードには、保育の形態（時間・場所についての制限や活動形態の自由さなど）が影響しているのではないかと感じた

一方で、研修自体への参加意欲が減退することもありました。自分の書いたエピソードからは、子どもの気づきのつながりが見い出しにくかったり、マイナスの気づきの方が多かったりすることに気づかされる場合です。写真を使って語ることで「やりたくない」「できないかもしれない」といった子どものマイナスの思いも生まれていることが可視化されてしまうのです。同時に、子どもの気づきの多様さや次々とつながっていく面白さの背景には、活動への参加の自由さや子どもがかかわるモノの豊かさなどの状況が影響していることを他園との比較の中で理解しま

す。しかし、各園に固有の保育形態を変えることは難しいため苦しさを感じてしまいます。このような状況では、研修で体験したことを実践の場で試したいという意欲につながらないばかりでなく、研修の参加自体もつらくなるでしょう。以上の状況を踏まえて、研修をデザインし直した2015年度の様子を次に紹介します。

❷ 保育者の成長実感につながる「実践の言語化を支える研修」の在り方を探る

① 新たな研修デザイン

2015年度の研修では、年間8回の研修を3期（5〜7月期3回、9〜11月期3回、1〜2月期2回）に分けました。参加者は20人程度で、1園から複数（2人）で参加する場合が多く、3〜5歳児クラスの担任以外に未就園児クラス（3歳未満対象・週数回）担当者・学年フリー保育者もいました。系列法人の保育所保育士の参加もあり、2歳児クラスの担当者も含まれていました。

1〜2期の研修では、それぞれ1回目と2回目に、その後の1か月間で保育者が環境を構成し参加を呼びかける活動を体験し、翌月にはその様子を写真に撮り持ち寄ることにしました。各期の2回目は、同様に次回までに実践する活動の体験と持ち寄った写真を使ってドキュメンテーションを作成します。3回目は、新たな活動の体験はせずに、これまでに作成したドキュメンテーションを新たな視点から書き直しました。また、1〜2期は自分自身の幼児理解を深めるための記録とし、3期では保護者向けの記録の表し方を学ぶことにしました。

研修の学習転移研究では、研修終了直後に試すことができるように研修内容を実際の状況に近くすることが大事だとされています。

研修で体験した活動を実践する際には、各園の保育形態の違いの影響を受けない範囲で、子どもの気づきのつながりや一人一人の違いが表れやすいように、次のことに留意してもらいました。

- ○　1週間単位での活動のイメージを示し、週の前半に興味をもった子どもが関わる環境を設置し、最終的にクラスのほとんどの子どもが活動に参加するという状態を目指す
- ○　単発で終わらず数日継続して取り組むための環境設定（材料を必要量確保する、参加者の増減に合わせて設定を変化させる、など）をする
- ○　クラス活動の時間にすべての子どもが参加する形態で行ってもよいが、クラス活動以外の時間帯にも環境を設定し、興味をもった子どもが継続的に参加できるようにする
- ○　昼食前や降園時のサークルタイムなどで、活動に参加した子どもの様子を紹介し、参加を促す働きかけをする
- ○　活動の様子を撮影する際には、スナップ写真のような子どもの表情ではなく、子どもと子どもが向かっている対象物の様子を撮る
- ○　フリー保育者などの協力で自分がフレームの中に入っている写真もできるだけ撮る

②　新たな研修デザインからあらわれてきたこと

他園の実践を写真で見ることを通して、自園でもそのような活動が可能になるにはどうしたら

よいかを保育者が考え実行しました。その結果、子どもの主体的な活動につながり、子どもたちの協同的で継続的な活動が展開され、その中にいくつかの探求がみられました。それを表したのが次頁のドキュメンテーション（図1）です。作成したものをその場で拡大表示して、「保育者自身の感情と思考」にフォーカスして聞き取った結果が次です。

○　他園では砂場だけでなく、地面を掘り返した泥場のような環境があり、土や泥や砂を混ぜ合わせて試すことができていることを知りやってみたくなった

○　園庭を掘り返し、表面の土で団子を作ってみたところ全く団子状態にならなかったので不思議だった（幼稚園の園庭は、運動場として造成されている場合が多く、水はけを第一に土壌改良されているので団子になりにくい）

○　もっと深く掘れば土の質が変わるだろうと予想し、深く掘れる場所を子どもと一緒に探してみると、粘土質の土のあるところがわかり、うまくいきそうだと感じ嬉しかった

○　子どもたちの泥団子作りが数日にわたって継続することで、泥団子を巡る小さな探求がいくつも生まれた。子どもの発想の面白さが現れたことが嬉しく、活動が継続できるように子どもと共に環境の再構成を成し遂げた実感があった

というのがこのドキュメンテーションの背景にあった「保育者自身の感情と思考」でした。そこで、実感はあっても言語化されていないことが表れてくるように次のことを意識して問いかけました。

○　子どもが自分から動き出している場面、活動が継続している場面、誰かとの協同的な

〈泥だんご作り〉

きっかけ

・お砂場の砂で作っただんごだとすぐにこわれてしまう…
・泥あそびができる環境もない…

↓

園庭の端に掘ると粘土質の砂が出てくる場所を発見!! 年長、中の子どもたちを誘って泥だんご作りをスタートさせました。

子どもたちとの目標、
かたい、つるつるしたおだんご!!

完成したおだんごを花だんの端にかくす年中さん
「月よう日、またやろうね!!」
「かたまってるかな～」

⇨ 土日で雨が降ってしまい、泥だんごは崩れてしまいました…

年中さん

水を含んだ土に更に水を流しこねて泥あそび!!
「きもちいいね～!」
・泥だんごよりもこっちの方に楽しさを見つけたようです。
チョコレートやさん、プリンやさん などなど…
ごっこあそびにも発展していました。

年長さん

それを見ていた年長さんの女の子。今度は袋に入れて保存しました。

↓

雨の日の翌日。
「袋に入れたから大丈夫だった!!」
成功したことが自信となり、何個も作っていました。
とくい気で嬉しそうな表情^^

←

袋に砂を集めて"自分だけの土"を作り始める!
↓
作り終わると裏庭へ置きに行く…
誰にも使われたくない様子。

☆こだわって、やりたいことを追求する姿は年長さんらしいなと感じました。ただ、袋に入れると中がけつ露していて、つねにぬれている… この後どうするのか… 様子を見ていきたいです。

図1

かかわりが生まれている場面に着目して、経過の詳細を聞く

○保育者のかかわりについて、どんな感情や思考が伴っていたか振り返るよう問いかける

図2は、研修の最終回に、活動の経過を保護者に伝えることを意識しながら作成したドキュメンテーションです。20分の制限時間内で作成されたラフスケッチ的に描かれた活動経過記録はそのままに、写真に登場する個別の子どもへの保育者の思いを別欄に書き加えることで、ポートフォ

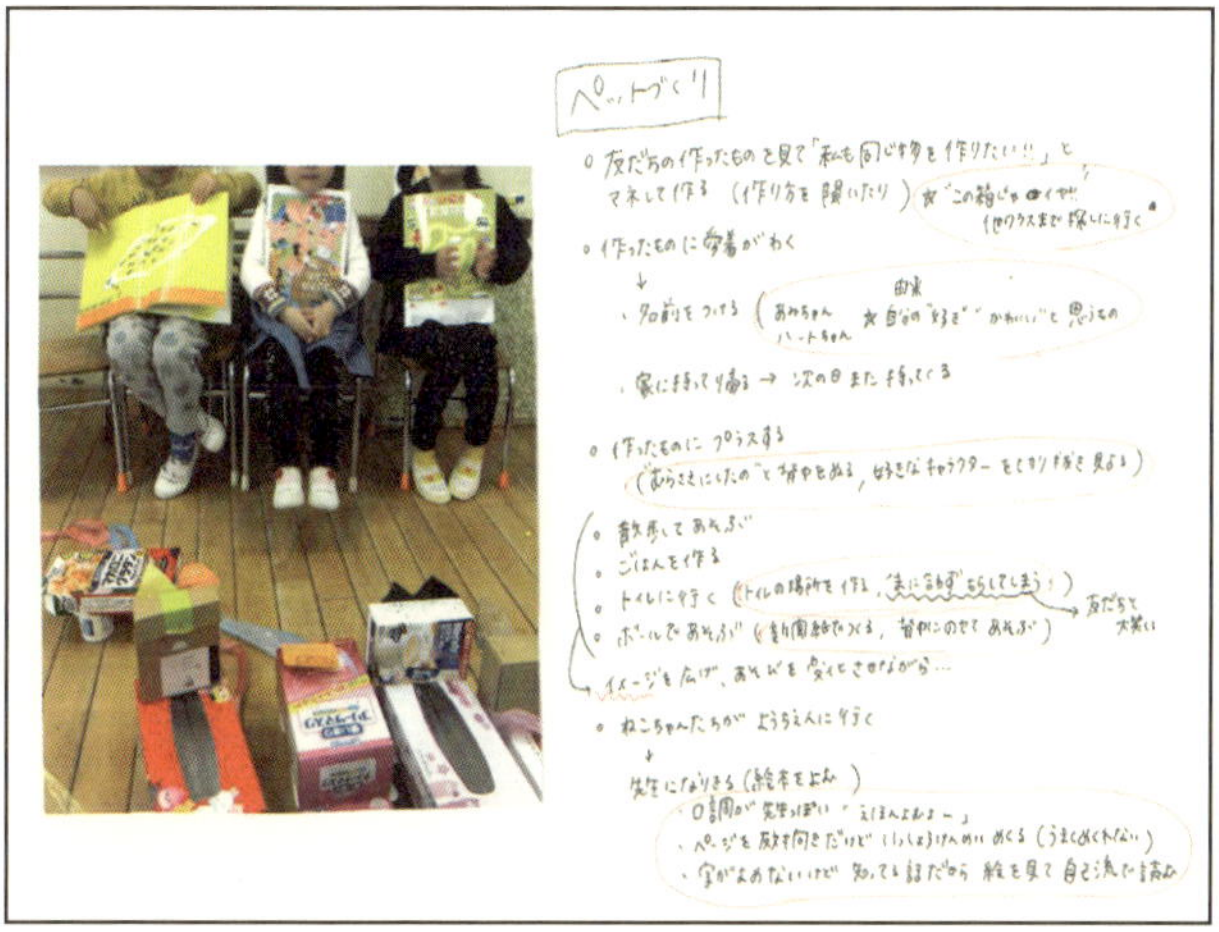

図2

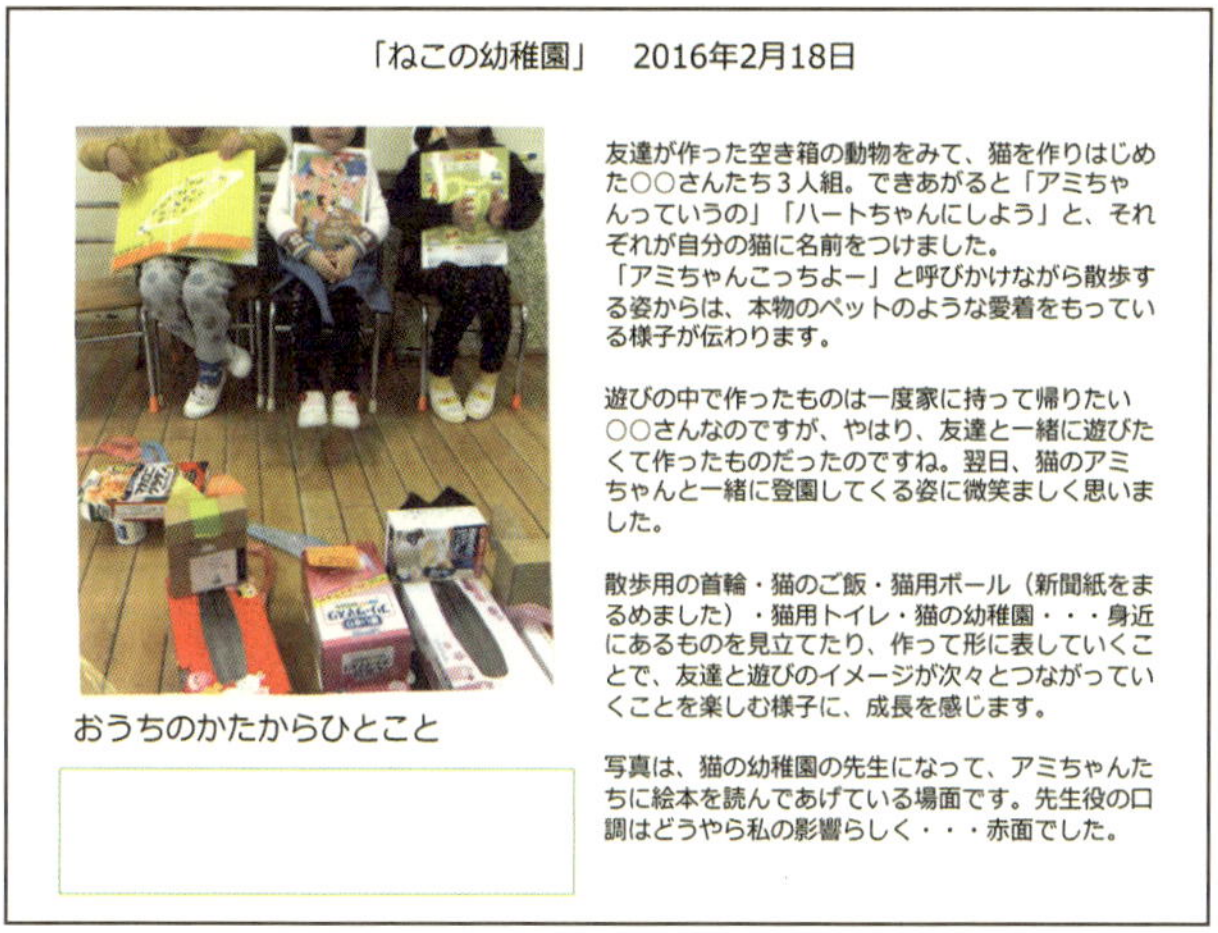
「ねこの幼稚園」　2016年2月18日

友達が作った空き箱の動物をみて、猫を作りはじめた○○さんたち3人組。できあがると「アミちゃんっていうの」「ハートちゃんにしよう」と、それぞれが自分の猫に名前をつけました。
「アミちゃんこっちよー」と呼びかけながら散歩する姿からは、本物のペットのような愛着をもっている様子が伝わります。

遊びの中で作ったものは一度家に持って帰りたい○○さんなのですが、やはり、友達と一緒に遊びたくて作ったものだったのですね。翌日、猫のアミちゃんと一緒に登園してくる姿に微笑ましく思いました。

散歩用の首輪・猫のご飯・猫用ボール（新聞紙をまるめました）・猫用トイレ・猫の幼稚園・・・身近にあるものを見立てたり、作って形に表していくことで、友達と遊びのイメージが次々とつながっていくことを楽しむ様子に、成長を感じます。

写真は、猫の幼稚園の先生になって、アミちゃんたちに絵本を読んであげている場面です。先生役の口調はどうやら私の影響らしく・・・赤面でした。

おうちのかたからひとこと

図3

リオ的な記録になりました。この園では、写真を用いた「クラスの保育の記録」作成は日常的に行われています。しかし、保護者向けの個別のポートフォリオ作成を園全体での取り組みとするには、作成のための時間が膨大となることが予想され、ハードルの高い状態が続いていました。写真付き保育記録のポートフォリオ化に向けて、研修終了後に書き換えたものが図3です。同じ場で一緒に取り組むことで、共通に経験していることにその子らしさが表れている場面を書き加える構成にすることで、ポートフォリオ化しやすくなります。

③ ドキュメンテーション（実践の可視化）研修を保育者の成長実感につなげるために

写真を使った「ドキュメンテーション（実践の可視化）研修」を通して、保育者自身の主体性の表れが子ども自身の主体性の表れにつながることを体験することと、その実践を自分の言葉で語る（言語化する）こととが、成長実感につながっていることが見えてきました。実践の見え方の熟達と言語化の熟達とは互いに影響しあっているため、語る言葉を得ることで実践の見え方も変化します。保育者の専門性開発としての「ドキュメンテーション（実践の可視化）研修」には大きな可能性がありますが、次にあげるような取り組みとの連動が必要でしょう。

Ⓐ 長期の指導計画との関連……個別の園の保育形態は様々で、それなりの歴史を抱えているため大きな変化を求めることは難しい。しかし、単発の活動や個別に取り組む活動として行われてきたものに継続的な活動や協同的な活動につながるような要素を加えていくことを、園内研究として取り組むこと。やってみたことを長期の指導計画に位置付け

る（後追いの指導計画）ことが重要で、その際「写真を用いた保育記録」を資料として活用すること。

Ⓑ「プチ公開保育」としての保育記録の公開……実践の可視化の一つとして「公開保育」があるが、いざ公開保育をするとなるとハードルを高くしがち。そこで、Ⓐで示した取り組みを通して作成したドキュメンテーションを公開し合う研修を各地域で行うこと。

④ 実践の言語化支援としての「評価スケール」の使用

先に紹介した研修では、作成する保育記録についての問いかけの際の留意点をあげました。その基本的な考え方は幼稚園教育要領や幼稚園教育指導資料などの公的なガイドラインでも示されているものですが、海外で開発された評価スケール（イギリスのSSTEWスケールやアメリカのECERSスケール）の考え方にも共通したものがあります。SSTEWスケールは２０１６年に翻訳が刊行されたばかりですが、子どもの経験と保育者のかかわりにフォーカスした評価指標なので、写真を用いてドキュメンテーションを作っていくときに、スケールに表された言葉を使って自身に問いかけること（例えば「子どもたちが想像力や創造性を使って探求している場面はどこだろう？」「探求的活動では、子どもたちが素材や教材・道具を持って移動できているかどうかがよい指標になるけれど、この場面がそうだろうか？」）で、実践の言語化への最初の枠組みになります。そのように言語化することで、次に実践を見るときの枠組みにもなっていきます。日本にはまだ公的な評価スケールがありませんから、積極的に活用していきたいものです。

●請川　滋大（うけがわ　しげひろ）[編集]
日本女子大学　家政学部児童学科・准教授
●高橋　健介（たかはし　けんすけ）[編集]
東洋大学　ライフデザイン学部生活支援学科子ども支援学専攻・准教授
●相馬　靖明（そうま　やすあき）[編集]
保育のデザイン研究所・研究員

●利根川彰博（とねがわ　あきひろ）
帝京大学　教育学部初等教育学科・専任講師
（前あんず幼稚園・教諭）
●中村　章啓（なかむら　あきひろ）
社会福祉法人柿ノ木会　野中保育園・事務長
●小林　明代（こばやし　あきよ）
学校法人母の会　認定こども園母の会・園長

新時代の保育1
保育におけるドキュメンテーションの活用　ななみブックレットNo.4

2016年5月5日　第1版第1刷発行
2018年5月5日　第1版第2刷発行

●編　者　請川滋大／高橋健介／相馬靖明
●発行者　長渡　晃
●発行所　有限会社　ななみ書房
〒252-0317　神奈川県相模原市南区御園1-18-57
TEL　042-740-0773
http://773books.jp
●絵・デザイン　磯部錦司・内海　亨
●印刷・製本　協友印刷株式会社

ISBN978-4-903355-59-7
Printed in Japan